Über den Autor

Autorin: Amy Schiml

Künstlername: Josephine´s Canvas

Ich schreibe gerne Geschichten, weil sie mir die Möglichkeit bieten, meine Fantasie zu entfalten, in verschiedene Welten einzutauchen und meine Gedanken und Emotionen auszudrücken. Das Schreiben von Geschichten ermöglicht es mir, meine Kreativität zu nutzen und andere Menschen zu unterhalten, inspirieren oder zum Nachdenken anzuregen. Es ist eine kreative Form der Selbstentfaltung, die mir Freude bereitet.

Josephine´s Canvas

Intrigen und Freundschaft

Schatten des Verrats

tredition

© 2023 Josephine´s Canvas

Comic-Zeichnungen von: Amy Schiml
Verlagslabel: AS

ISBN Softcover: 978-3-384-01629-4
ISBN Hardcover: 978-3-384-01630-0
ISBN E-Book: 978-3-384-01631-7

Druck und Distribution im Auftrag :
tredition GmbH, Heinz-Beusen-Stieg 5, 22926 Ahrensburg, Germany

Das Werk, einschließlich seiner Teile, ist urheberrechtlich geschützt. Für die Inhalte ist verantwortlich. Jede Verwertung ist ohne unzulässig. Die Publikation und Verbreitung erfolgen im Auftrag , zu erreichen unter: tredition GmbH, Abteilung "Impressumservice", Heinz-Beusen-Stieg 5, 22926 Ahrensburg, Deutschland.

Inhaltsverzeichnis

Vorwort 7..9

Einleitung 10…………...……………......11

Kapitel 1: Die Kindheitsfreundin 12…17

Kapitel 2: Der Konflikt 17…22

Kapitel 3: Ein Offenes Gespräch 22…31

Kapitel 4 : Tabeas Geheimnis 31…41

Kapitel 5 : Der Bruch 41…51

Kapitel 6 : Eine Unerwartete Begegnung 52…62

Kapitel 7 : Das Geheimnis 62…72

Kapitel 8 : Das Geständnis 73…82

Kapitel 9: Verlorene Hoffnung 83…86

Kapitel 10: Ein Neuanfang 87…90

Vorwort

Manchmal geschehen Dinge in unserem Leben, die unsere Welt auf den Kopf stellen. Dinge, die unsere Beziehungen, unsere Freundschaften und unsere Zukunft in Frage stellen. Die Geschichte, die Sie in diesem Buch lesen werden, handelt von solchen Ereignissen, von Verrat und Verlust, aber auch von Hoffnung und Neuanfang. Es ist die Geschichte von Josi, einer jungen Frau, deren Leben scheinbar perfekt war, bis die Schatten des Verrats alles veränderten. Ihre Freundschaften und Beziehungen wurden auf eine harte

Probe gestellt, und sie musste einen schmerzhaften Weg gehen, um wieder Frieden und Glück zu finden. Diese Geschichte erzählt von den Höhen und Tiefen des Lebens, von den Entscheidungen, die wir treffen, und den Konsequenzen, die sie haben. Sie erinnert uns daran, dass wir trotz aller Schwierigkeiten die Kraft haben, neu anzufangen und unser eigenes Glück zu finden. Ich lade Sie ein, sich von Josis Reise inspirieren zu lassen. Möge diese Geschichte Sie daran erinnern, dass es nie zu spät ist, einen Neuanfang zu wagen, und dass die Schatten der Vergangenheit uns nicht daran hindern dürfen, nach vorne zu schauen. Vielleicht werden Sie sich in Josis Geschichte wiedererkennen, vielleicht werden Sie Tränen vergießen und mit ihr lachen. Möge diese Geschichte Sie berühren und Ihnen die Kraft geben, Ihren eigenen Weg zu gehen, ungeachtet der Schatten, die auf Ihrem Weg liegen. Vielen Dank, dass Sie sich für dieses Buch entschieden haben. Ich hoffe, es wird Ihnen Freude bereiten und Sie inspirieren, an die Kraft der Veränderung zu glauben.

Einleitung

Manchmal beginnen Geschichten an einem Punkt, den wir nicht erwartet haben. Sie beginnen nicht mit einem glücklichen Anfang, sondern mit einer unerwarteten Wendung, die das Leben ihrer Hauptfiguren auf den Kopf stellt. So beginnt auch die Geschichte von Josi, einem jungen Mädchen, das sich auf den Weg in eine unbekannte Zukunft macht. Josi hatte immer gedacht, dass ihr Leben perfekt war. Sie hatte beste Freunde, eine glückliche Beziehung und Träume, die sie verfolgte. Doch unter der Oberfläche brodelte etwas Dunkles, etwas, das sie nicht erwartet hatte. In diesem ersten Kapitel werden wir Josi kennenlernen, ihre Welt und ihre Träume. Wir werden einen Blick hinter die Fassade werfen und die Schatten sehen, die sich über ihr Leben legen. Denn manchmal sind es gerade die dunklen Momente, die den Weg zu einem neuen Anfang weisen. Begleiten Sie Josi auf ihrer Reise, und lassen Sie sich von dieser Geschichte mitreißen, die von Verrat, Verlust und der Suche nach neuem Glück handelt. Denn manchmal ist der Anfang einer Geschichte auch der Anfang von etwas Neuem, von einer Veränderung, die alles verändert.

Kapitel 1: Die Kindheitsfreundin

Ich schaute auf das Foto in meinem Zimmer, das Tabea und mich als Kinder zeigte, wie wir lachend im Sandkasten saßen. Wir waren schon immer beste Freundinnen gewesen, seit dem Kindergarten. In guten wie in schlechten Zeiten, hatten wir uns versprochen.

Tabea und ich waren wie Geschwister, obwohl wir nicht wirklich miteinander verwandt waren. Wir hatten gemeinsam die Höhen und Tiefen der Schulzeit durchlebt, uns gegenseitig in

Mathe geholfen und unsere ersten Liebeskummer zusammen durchgestanden. Es gab nichts, was zwischen uns kommen konnte.

Doch dieses Versprechen schien in Gefahr, als wir älter wurden und sich plötzlich etwas zwischen uns veränderte. Es begann auf einer dieser legendären Partys, zu denen wir fast jedes Wochenende eingeladen waren.

An diesem Abend war die Stimmung ausgelassen, und die Musik dröhnte durch das Wohnzimmer. Ich war mit

Tabea gekommen, wie immer. Wir hatten unsere Freundschaft nie infrage gestellt, bis zu dieser einen Nacht.

Ich stand an der Getränkebar und schenkte mir ein Glas Wein ein, als ich ihn zum ersten Mal sah. Jeff. Er war neu in unserer Stadt und hatte sich auf der Party eingefunden. Seine dunklen Haare und seine intensiven Augen zogen mich sofort in ihren Bann.

Wir kamen ins Gespräch, und es fühlte sich an, als würden wir uns schon ewig kennen. Ich erfuhr, dass er viele meiner

Interessen teilte, von Büchern bis hin zu Abenteuersportarten. Die Stunden verstrichen wie im Flug, und bald vergaß ich alles um mich herum, sogar Tabea.

Es war, als würden wir in unserer eigenen Welt leben, abgeschottet von der lauten Musik und den feiernden Menschen. Jeff und ich lachten, tauschten Geschichten aus und schienen uns in allem zu verstehen.

Als die Party ihrem Höhepunkt entgegenging, fragte er mich, ob ich mit ihm nach draußen gehen wollte, um einen

Spaziergang zu machen. In dieser Nacht erfüllte der sternenklare Himmel die Luft mit einem ganz besonderen Zauber, und wir spazierten Hand in Hand durch die Dunkelheit.

In diesem Moment wurde mir klar, dass ich mich unsterblich in Jeff verliebt hatte. Doch das Schlimmste war, dass ich wusste, dass auch Tabea Gefühle für ihn hatte. Unsere Freundschaft würde auf die härteste Probe gestellt werden, und ich hatte keine Ahnung, wie ich damit umgehen sollte.

Die Sterne über uns schienen zu wissen, dass nichts mehr so sein würde wie zuvor. Unsere Freundschaft, die einst so stark und unerschütterlich war, befand sich plötzlich im Schatten des Verrats.

Kapitel 2: Der Konflikt

Die Tage nach der Party waren geprägt von einer seltsamen Spannung zwischen Tabea und mir. Sie hatte bemerkt, wie eng Jeff und ich miteinander geredet hatten, wie wir gelacht und wie wir uns beim Spaziergang nähergekommen waren.

Ich fühlte mich schlecht, als ich daran dachte, wie meine Gefühle für Jeff wuchsen. Tabea war meine beste Freundin, und ich wollte sie nicht verletzen. Doch gleichzeitig konnte ich meine eigenen Gefühle nicht leugnen.

Eines Tages, als wir gemeinsam in unserem Lieblingscafé saßen, wagte ich schließlich, das Thema anzusprechen. "Tabea, es tut mir leid, dass ich so viel Zeit mit Jeff auf der Party verbracht habe", begann ich zögernd. "Ich hatte einfach nicht erwartet, dass... nun ja, dass ich mich so gut mit ihm verstehen würde."

Tabea starrte in ihre Tasse Kaffee und schwieg eine Weile, bevor sie endlich antwortete. "Josi, ich habe es auch bemerkt. Und ehrlich gesagt... ich habe auch Gefühle für Jeff."

Die Worte trafen mich wie ein Schlag. Ich hatte vermutet, dass Tabea eifersüchtig sein könnte, aber zu hören, dass auch sie in Jeff verliebt war, traf mich unerwartet hart. Ich wollte meine Freundin nicht verletzen, aber ich konnte meine eigenen Gefühle nicht einfach ignorieren.

"Was machen wir jetzt?", fragte ich, den Blick gesenkt. "Ich will unsere Freundschaft nicht aufs Spiel setzen, aber ich kann meine Gefühle für Jeff nicht einfach abschalten."

Tabea seufzte und legte ihre Hand auf meine. "Josi, ich weiß, dass das eine schwierige Situation ist. Aber ich will nicht, dass unsere Freundschaft darunter leidet. Vielleicht können wir gemeinsam eine Lösung finden."

Wir verbrachten Stunden damit, darüber zu sprechen, wie wir mit dieser ungewöhnlichen Dreiecksbeziehung umgehen sollten. Tabea und ich waren uns einig, dass unsere Freundschaft das Wichtigste war, aber gleichzeitig konnten wir unsere Gefühle nicht einfach unterdrücken.

Schließlich beschlossen wir, offen und ehrlich mit Jeff zu sprechen und ihm von unseren Gefühlen zu erzählen. Es war ein riskanter Schritt, aber wir hofften, dass er unsere Freundschaft und unsere Ehrlichkeit schätzen würde.

Die nächsten Tage würden zeigen, ob unsere Freundschaft stark genug war, um die Herausforderung der Liebe zu überstehen, oder ob die Schatten des Verrats uns für immer trennen würden.

Kapitel 3: Ein Offenes Gespräch

Die Tage vergingen, und Tabea und ich hatten uns entschieden, mit Jeff über unsere Gefühle zu sprechen. Wir luden ihn zu einem Treffen in unserem Lieblingscafé ein, in dem wir so viele gemeinsame Stunden verbracht hatten.

Als Jeff an diesem Tag in das Café kam, konnte ich sehen, dass er die Anspannung in der Luft spürte. Wir setzten uns an unseren üblichen Tisch, und die Worte schienen in der Stille zu ertrinken.

Schließlich brach Tabea das Schweigen. "Jeff, es ist wichtig, dass wir ehrlich miteinander sind", begann sie, und ich spürte, wie nervös sie war. "Josi und ich... wir haben Gefühle für dich."

Jeff schaute abwechselnd zwischen uns hin und her, und sein Gesicht verriet Überraschung. "Ihr habt Gefühle für mich? Das ist... überraschend."

Ich schluckte schwer und fügte hinzu: "Ja, Jeff, es ist nicht leicht für uns, das zu sagen, aber es ist die Wahrheit. Wir wollen unsere Freundschaft nicht aufs Spiel setzen, aber wir konnten unsere Gefühle nicht länger verbergen."

Jeff nickte langsam und schien nach den richtigen Worten zu suchen. "Das ist wirklich überraschend, weil ich euch beiden ebenfalls etwas gestehen muss." Er atmete tief durch. "Ich habe starke Gefühle für eine von euch."

Die Spannung in der Luft war greifbar, als wir alle drei unsere Gefühle offenlegten. Die Frage war nur: Wen würde Jeff wählen? Und wie würde diese Entscheidung unsere Freundschaft beeinflussen?

Schließlich fügte Jeff hinzu: "Aber ich weiß nicht, ob ich im Moment bereit bin, eine Entscheidung zu treffen. Ich schätze eure Ehrlichkeit und möchte euch beide besser kennenlernen, bevor ich eine Wahl treffe."

Tabea und ich sahen uns an, und ich konnte in ihren Augen die Unsicherheit und den Wunsch nach Klarheit sehen. Jeff hatte unsere Freundschaft nicht abgelehnt, aber die Zukunft blieb ungewiss.

Das Treffen war ein erster Schritt, aber die Schatten des Verrats hingen noch immer über uns. Wir würden gemeinsam einen Weg finden müssen, mit dieser komplizierten Situation umzugehen, und hofften, dass unsere Freundschaft stark genug war, um die Herausforderung zu überstehen.

Nachdem wir unsere Gefühle offengelegt hatten, kehrte eine seltsame Art von Normalität in unser Leben zurück. Wir versuchten, so zu tun, als wäre nichts geschehen, und gingen weiterhin miteinander aus wie zuvor.

Doch die Spannung zwischen uns war unübersehbar. Jedes Lachen, jede Berührung und jeder Blick schien mit Bedeutung aufgeladen zu sein. Tabea und ich versuchten, uns gegenseitig Raum zu geben, aber es war schwer, so zu tun, als wäre alles wie früher.

Die gemeinsamen Unternehmungen mit Jeff wurden zu einer Mischung aus Hoffnung und Unsicherheit. Jede von uns versuchte, Zeit mit ihm zu verbringen und ihn besser kennenzulernen, in der stillen Hoffnung, dass er sich für eine von uns entscheiden würde.

Es war eine emotional belastende Zeit für uns alle. Die Schatten des Verrats lagen über unserer Freundschaft wie eine bedrohliche Wolke, die darauf wartete, sich zu entladen. Und die Frage, wie diese Situation enden würde, quälte uns Tag für Tag.

Doch trotz der Unsicherheit und der Spannungen gab es immer noch Momente der Nähe und des Lachens. Wir hatten zu viele Erinnerungen miteinander geteilt, um einfach auseinanderzugehen. Unsere Freundschaft war stark, und das zeigte sich in den Momenten, in denen wir zusammen waren.

Eines Abends, als wir gemeinsam in meinem Zimmer saßen und über alte Zeiten sprachen, sagte Jeff plötzlich: "Ich möchte, dass ihr beide wisst, wie viel mir eure Freundschaft bedeutet. Egal, wie diese Sache ausgeht, ich hoffe, dass wir immer Freunde bleiben können."

Tabea und ich nickten zustimmend. Unsere Freundschaft war vielleicht auf die Probe gestellt worden, aber sie war nicht gebrochen. Und egal, wie diese komplizierte Dreiecksbeziehung enden würde, wir wussten, dass unsere Bande stark genug waren, um die Schatten des Verrats zu überwinden.

Kapitel 4 : Tabeas Geheimnis

Die Wochen vergingen, und die Spannung zwischen uns schien nicht nachzulassen. Jeff hatte immer noch keine Entscheidung getroffen, und Tabea, Josi und er verbrachten weiterhin Zeit miteinander. Unsere Freundschaft war auf eine harte Probe gestellt worden, und die Schatten des Verrats schienen uns unaufhörlich zu verfolgen.

Eines Tages, als ich mich gerade auf den Weg zu einer Vorlesung machte, erhielt ich eine Nachricht von Tabea auf meinem Handy. "Können wir uns heute Abend bei dir treffen? Ich muss dringend mit dir sprechen."

Die Nachricht wirkte seltsam, aber ich stimmte zu. Als Tabea später in meinem Zimmer saß, konnte ich sehen, dass sie nervös war. Ihre Augen vermieden meinen Blick, und ihre Hände zitterten leicht.

"Was ist los, Tabea? Du siehst aus, als würdest du gleich in Ohnmacht fallen", sagte ich besorgt.

Sie seufzte und schaute endlich zu mir auf. "Josi, ich muss dir etwas gestehen, und es wird dir wahrscheinlich nicht gefallen."

Mein Herz begann schneller zu schlagen, als ich ihre Worte hörte. "Was ist los? Du kannst mir alles sagen."

Tabea holte tief Luft. "Ich habe Jeff geküsst."

Die Worte trafen mich wie ein Schlag. Ich konnte nicht glauben, was ich gerade gehört hatte. "Du hast was?", stammelte ich.

Tabea senkte den Blick und begann zu erklären. "Es ist passiert, als du nicht da warst. Wir haben uns unterhalten, und dann hat es einfach... geknistert. Ich weiß, dass das nicht richtig war, aber ich konnte mich nicht zurückhalten."

Die Tränen stiegen mir in die Augen. Tabea hatte den Mann geküsst, den ich liebte. Unsere Freundschaft war bereits auf dem Spiel gestanden, und jetzt schien sie kurz davor zu zerbrechen.

"Wie konntest du das tun, Tabea?", flüsterte ich, meine Stimme voller Schmerz und Wut.

Sie schluchzte leise. "Es tut mir so leid, Josi. Ich weiß, dass das falsch war, und ich habe es bereut, sobald es passiert ist. Aber ich wollte ehrlich zu dir sein und es dir sagen, bevor du es von jemand anderem hörst."

Ich fühlte mich wie betäubt. Die Schatten des Verrats, die über unserer Freundschaft gelegen hatten, schienen uns jetzt endgültig zu verschlingen. Und ich wusste nicht, wie wir das jemals überwinden könnten.

Die Worte von Tabea hatten mir den Boden unter den Füßen weggezogen. Ich konnte nicht glauben, dass sie Jeff, den Mann, in den ich mich verliebt hatte, geküsst hatte. Unsere

Freundschaft, die einst so fest und unerschütterlich war, schien nun auf tönernen Füßen zu stehen.

Tabea schluchzte leise, und auch ich spürte, wie Tränen in meine Augen stiegen. Die Enttäuschung und der Schmerz, den ich in diesem Moment empfand, waren überwältigend.

"Warum, Tabea? Warum hast du das getan?", fragte ich, meine Stimme bebte vor Emotionen.

Sie sah mich verzweifelt an. "Ich weiß es selbst nicht, Josi. Es war ein Fehler, den ich nie hätte machen dürfen. Aber es ist passiert, und ich kann es nicht rückgängig machen."

Unsere Freundschaft, die so viele Jahre überdauert hatte, schien in diesem Augenblick zu zerbrechen. Die Schatten des Verrats, die über uns gelegen hatten, waren nun zu einer undurchdringlichen Dunkelheit geworden.

Ich konnte Tabea nicht einmal mehr in die Augen sehen. Die Vorstellung, dass sie Jeff geküsst hatte, erfüllte mich mit einem unermesslichen Schmerz. Es fühlte sich an, als hätte sie mir nicht nur meinen Schwarm genommen, sondern auch meine beste Freundin.

"Josi, bitte, vergib mir", flehte Tabea. "Ich weiß, dass ich einen großen Fehler gemacht habe, und ich bereue es zutiefst."

Ich wusste nicht, wie ich darauf reagieren sollte. Ein Teil von mir wollte Tabea vergeben und versuchen, unsere Freundschaft zu retten, aber ein anderer Teil fühlte sich verraten und verletzt.

"Es wird Zeit brauchen, Tabea", sagte ich schließlich mit gebrochener Stimme. "Ich weiß nicht, ob wir jemals wieder so sein können wie früher."

Die Tränen flossen nun ungehindert, und Tabea und ich saßen schweigend in meinem Zimmer. Unsere Freundschaft, die einst so stark und unerschütterlich war, schien in diesem Moment zu zerfallen, und ich wusste nicht, ob wir jemals wieder den Weg zurückfinden würden. Die Schatten des Verrats hatten uns endgültig erreicht, und die Zukunft unserer Freundschaft war ungewisser denn je.

Kapitel 5 : Der Bruch

Die Tage, die auf Tabeas Geständnis folgten, waren von einer schmerzhaften Stille geprägt. Wir vermieden uns, unsere gemeinsamen Unternehmungen wurden seltener, und unsere Freundschaft schien in einem Zustand des Verfalls zu sein.

Nach einiger Zeit beschlossen wir beide, dass es wohl das Beste wäre, unsere Wege vorerst zu trennen. Wir brauchten Abstand voneinander, um die Wunden heilen zu lassen und zu sehen, ob unsere Freundschaft jemals wiederhergestellt werden könnte. Es war ein schmerzlicher Abschied, aber wir wussten beide, dass es notwendig war.

Monate vergingen, und in dieser Zeit passierten merkwürdige Dinge. Seltsame Zufälle und unerklärliche Vorfälle schienen uns zu verfolgen. Ich hatte das Gefühl, als ob die Schatten des

Verrats, die unsere Freundschaft belastet hatten, nun auf unheimliche Weise in mein Leben eingedrungen waren.

Eines Tages, als ich alleine in einem Café saß und über all das nachdachte, was geschehen war, trat Jeff wieder in mein Leben. Er hatte sich seit unserem letzten Treffen nicht mehr gemeldet, und ich hatte ihn fast vergessen.

"Josi, bist du das?" hörte ich seine vertraute Stimme hinter mir. Als ich mich umdrehte, konnte ich die Überraschung in seinen Augen sehen.

"Jeff", hauchte ich. "Ja, ich bin es. Lange nicht gesehen."

Er setzte sich mir gegenüber, und wir begannen zu reden. Jeff erzählte mir, dass er nach unserem letzten Treffen viel über seine Gefühle und die Situation nachgedacht hatte. Er hatte sich von Tabea distanziert und sich auf sein eigenes Leben konzentriert.

"Josi, ich habe gemerkt, dass meine Gefühle für dich stärker sind als je zuvor", gestand er. "Ich weiß, dass es kompliziert ist, aber ich möchte es noch einmal versuchen. Ich möchte mit dir von vorne beginnen."

Ich starrte ihn an, und mein Herz begann schneller zu schlagen. Ich hatte die Hoffnung aufgegeben, dass Jeff jemals wieder in mein Leben treten würde, und jetzt war er hier, und seine Worte ließen mein Herz höherschlagen.

Wir beschlossen, uns auf ein erstes Date zu treffen, um zu sehen, ob es noch eine Chance für uns gab. Die Schatten des Verrats schienen sich für einen Moment zu verziehen, und die Zukunft erschien plötzlich wieder voller Möglichkeiten.

In den folgenden Wochen hatten wir drei Dates, bei denen wir uns näherkamen und unsere Verbindung vertieften. Von romantischen Spaziergängen im Park bis zu stundenlangen Gesprächen bei Kerzenschein, unsere Liebe erwachte zu neuem Leben.

Die Freude und der Trost, den ich bei Jeff fand, waren überwältigend. Es schien, als ob wir eine zweite Chance bekommen hatten, und wir waren fest entschlossen, sie zu nutzen. Die Schatten des Verrats hatten uns für eine Weile getrennt, aber jetzt fanden wir wieder zueinander und begannen, eine neue Geschichte zu schreiben.

Unsere Dates mit waren wie ein Neuanfang. Die Liebe, die zwischen uns aufkeimte, war intensiver und leidenschaftlicher als je zuvor. Wir verbrachten Stunden damit, uns kennenzulernen, unsere Hoffnungen und Träume zu teilen und die Zeit miteinander zu genießen.

Unser erstes Date führte uns zu einem malerischen See, umgeben von hohen Bäumen und dem Gesang der Vögel. Wir spazierten Hand in Hand am Ufer entlang, tauschten Geschichten aus und blickten gemeinsam in die Zukunft. Es fühlte sich an, als ob wir die Welt um uns herum vergessen hätten und nur noch wir beide zählten.

Beim zweiten Date lud Jeff mich zu einem romantischen Abendessen in einem gemütlichen Restaurant ein. Wir saßen an einem kleinen Tisch, umgeben von Kerzenlicht, und unsere Blicke verloren sich immer wieder ineinander.

Die Zeit schien stillzustehen, während wir uns näher kamen und unsere Gefühle füreinander vertieften.

Das dritte Date führte uns in ein kleines Theater, wo wir gemeinsam eine Aufführung sahen. Unsere Hände fanden zueinander, und ich spürte, wie Jeff mich sanft drückte, als wäre er besorgt, dass ich verschwinden könnte. In diesem Moment war mir klar, dass wir uns beide verliebt hatten.

Unsere Liebe war wie eine Flamme, die wieder aufleuchtete, nachdem sie fast erloschen war. Die Schatten des Verrats und die Trennung von Tabea schienen in den Hintergrund zu treten, während wir uns auf unsere gemeinsame Zukunft konzentrierten.

Mit jedem weiteren Tag fühlte ich mich enger mit Jeff verbunden. Wir planten gemeinsame Abenteuer, sprachen über unsere Träume und Ziele und genossen einfach die Zeit, die wir miteinander verbrachten. Es war, als ob wir eine zweite Chance bekommen hatten, und wir waren entschlossen, sie in vollen Zügen zu nutzen.

Die Liebe zwischen uns war stärker denn je, und ich wusste, dass ich meinen Weg gefunden hatte. Die Schatten des Verrats mögen unsere Freundschaft für eine Weile verdunkelt haben, aber jetzt hatten sie uns zu einer tieferen Liebe geführt. Jeff und ich waren bereit, gemeinsam in die Zukunft zu blicken und all die Herausforderungen und Abenteuer anzunehmen, die auf uns warteten.

Kapitel 6 : Eine Unerwartete Begegnung

Die Wochen vergingen so schnell, als ob die Zeit sich beeilte, unsere Geschichte zu erzählen. Jeff und ich waren immer noch unzertrennlich, unsere Liebe wuchs mit jedem Tag, den wir gemeinsam verbrachten. Doch trotz unserer gemeinsamen Freude und Liebe gab es Momente, in denen sich meine Gedanken immer wieder zu Tabea hinüberbewegten.

Ich hatte seit unserer Trennung vor Monaten nichts von ihr gehört. Wir hatten beschlossen, uns vorerst voneinander zu distanzieren, und es fühlte sich an, als ob sie aus meinem Leben verschwunden wäre.

Eines Tages, als ich gerade im örtlichen Supermarkt einkaufte und meine Gedanken in die Regale vertieft waren, stolperte ich fast über jemanden, der plötzlich vor mir auftauchte. Als ich aufsah, konnte ich nicht glauben, wen ich da vor mir hatte.

"Tabea?", hauchte ich überrascht.

Sie lächelte nervös. "Josi, hey."

Es war, als ob die Zeit stehen geblieben wäre. Tabea und ich hatten uns seit unserer Trennung nicht mehr gesehen, und jetzt stand sie hier vor mir, ihre Augen trafen meine, und ich konnte die Vergangenheit in ihrem Blick lesen.

"Wie geht es dir?", fragte ich schließlich, obwohl ich nicht wusste, was ich sonst sagen sollte.

Tabea zögerte einen Moment, bevor sie antwortete. "Es geht mir... gut, denke ich. Ich habe versucht, mein Leben in den Griff zu bekommen, und es ist nicht leicht gewesen."

Ich nickte verständnisvoll. "Das kann ich mir vorstellen. Es war für uns beide eine schwierige Zeit."

Wir beschlossen, uns in einem nahegelegenen Café auf einen Kaffee zu treffen, um uns auszutauschen. Als wir uns setzten und die Tassen dampfenden

Kaffee vor uns hatten, begann Tabea zu erzählen.

In den letzten Monaten hatte sie viel durchgemacht. Sie hatte versucht, sich selbst zu finden, sich neuen Herausforderungen zu stellen und alte Wunden zu heilen. Sie hatte neue Freunde gefunden und war in ein aufregendes Abenteuer gestürzt, das ihr Leben verändert hatte.

Ihre Worte waren voller Emotionen, und ich konnte spüren, wie sehr sie sich in dieser Zeit verändert hatte. Sie war nicht mehr die Tabea, die ich kannte, und doch war sie noch immer die Freundin, die ich einst so sehr geliebt hatte.

Die Stunden vergingen, während wir uns unterhielten und alte Erinnerungen teilten. Es fühlte sich an, als ob wir eine Verbindung wiederherstellten, die für eine Weile verlorengegangen war. Und obwohl unsere Freundschaft in der Vergangenheit schweren Prüfungen ausgesetzt war, fand ich mich dabei, zu hoffen, dass es vielleicht einen Weg gab, unsere Beziehung zu reparieren.

Die Schatten des Verrats hatten uns auseinandergebracht, aber jetzt, in diesem Moment, schien es, als ob sie uns zusammengeführt hätten. Unsere Geschichte war noch nicht zu Ende, und ich konnte nicht anders, als zu hoffen, dass wir in der Lage waren, die Vergangenheit hinter uns zu lassen und gemeinsam in die Zukunft zu blicken.

Während Tabea von ihren Erlebnissen und Veränderungen in den letzten Monaten erzählte, konnte ich spüren, wie sehr sie gewachsen und gereift war. Ihr Lächeln war nicht mehr das unsichere

Lächeln, das ich kannte, sondern strahlte eine neue Selbstsicherheit aus.

"Es war eine Zeit der Selbstfindung und des Neuanfangs für mich", sagte sie schließlich. "Ich musste mich mit meinen eigenen Fehlern auseinandersetzen und lernen, sie zu akzeptieren. Ich habe viel über mich selbst gelernt und habe versucht, eine bessere Version von mir selbst zu werden."

Ich war beeindruckt von ihrer Ehrlichkeit und Offenheit. Es war klar, dass sie hart an sich selbst gearbeitet hatte und auf dem Weg zu einer positiven Veränderung war.

"Das freut mich wirklich für dich, Tabea", sagte ich aufrichtig. "Ich habe dich vermisst."

Ihre Augen füllten sich mit Tränen, und sie lächelte warm. "Ich habe dich auch vermisst, Josi. Unsere Freundschaft bedeutet mir immer noch sehr viel."

In diesem Moment spürte ich, dass es möglich war, unsere Freundschaft zu retten. Die Schatten des Verrats, die über uns gelegen hatten, schienen für einen Augenblick zu weichen, und ich fühlte, dass wir einen Weg gefunden hatten, gemeinsam vorwärtszugehen.

Wir beschlossen, uns öfter zu treffen und unsere Freundschaft neu aufzubauen. Es würde Zeit brauchen, um das Vertrauen wiederherzustellen, aber wir waren bereit, diesen Weg gemeinsam zu gehen.

Als wir das Café verließen, spürte ich, dass etwas zwischen uns geheilt war.

Unsere Geschichte war noch nicht zu Ende, und vielleicht konnten wir gemeinsam die Schatten der Vergangenheit überwinden.

Die Wochen vergingen, und Jeff, Tabea und ich begannen, gemeinsam Zeit zu verbringen. Es war nicht einfach, aber unsere Verbindung schien stärker denn je zu sein. Die Schatten des Verrats hatten uns zwar auseinandergebracht, aber sie hatten uns auch gezeigt, wie wichtig unsere Freundschaft und Liebe waren.

Unsere Geschichte war kompliziert und voller Herausforderungen, aber sie war auch voller Hoffnung und Liebe. Und ich wusste, dass wir gemeinsam jeden Sturm überstehen konnten, der noch auf uns zukommen mochte.

Kapitel 7 : Das Geheimnis

Die Wochen und Monate vergingen, und unser Leben schien sich endlich wieder zu normalisieren. Jeff, Tabea und ich hatten eine Art Gleichgewicht gefunden, und unsere Freundschaften und Beziehungen blühten auf. Die

Schatten des Verrats waren weiterhin präsent, aber sie schienen in den Hintergrund zu treten, während wir versuchten, eine neue Normalität zu schaffen.

Wir verbrachten gemeinsame Abende, lachten und teilten Erinnerungen. Es war, als ob all die Schwierigkeiten der Vergangenheit uns nur noch enger zusammengeschweißt hatten. Die Liebe zwischen Jeff und mir florierte, und Tabea schien in ihrer eigenen Welt des Glücks zu leben.

Doch eines Tages, als ich gerade dabei war, mit Tabea über unser neues Buch zu plaudern, konnte ich spüren, dass etwas anders war. Ihr Blick war nervös, und sie schien schwer zu atmen.

"Tabea, was ist los?", fragte ich besorgt.

Sie sah mich an, als ob sie nach den richtigen Worten suchte. Schließlich sprach sie leise: "Josi, ich habe dir etwas Wichtiges zu sagen, aber du musst mir versprechen, dass du ruhig bleibst und nicht wütend wirst."

Mein Herz begann schneller zu schlagen, und eine unbestimmte Angst ergriff von mir Besitz. "Was ist passiert, Tabea? Du kannst mir alles sagen."

Tabea atmete tief durch. "Ich bin schwanger, Josi."

Die Worte trafen mich wie ein Blitz. Schwanger? Aber von wem? Ich konnte nicht glauben, was ich gerade gehört hatte.

"Von wem?", flüsterte ich, meine Stimme zitterte.

Tabea senkte den Blick und sagte leise: "Es ist von Jeff."

Die Welt schien sich um mich herum zu drehen. Die Schatten des Verrats, die wir zu überwinden versucht hatten, schienen mich nun wieder zu verschlingen. Jeff, der Mann, den ich liebte, hatte ein Kind mit meiner besten Freundin, und ich hatte davon keine Ahnung.

"Warum hast du mir das nicht früher gesagt?", fragte ich mit gebrochener Stimme.

Tabea sah mich verzweifelt an. "Ich hatte solche Angst, Josi. Ich wusste nicht, wie du reagieren würdest. Aber ich konnte es nicht länger für mich behalten."

Ich konnte nicht glauben, was ich gerade gehört hatte. Unsere Freundschaft und unsere Beziehungen schienen auf dem Spiel zu stehen, und ich wusste nicht, wie wir aus diesem Chaos herausfinden sollten. Die Schatten des Verrats hatten uns erneut eingeholt, und diesmal schienen sie uns noch tiefer zu verschlingen.

Die Worte von Tabea hallten in meinen Ohren wider, und ich konnte nicht begreifen, wie Jeff, der Mann, den ich über alles liebte, so etwas hatte tun können. Der Schmerz und die Verwirrung, die ich in diesem Moment empfand, waren überwältigend.

"Warum, Tabea?", fragte ich, meine Stimme bebte vor Wut und Trauer.

"Warum hast du mir das verschwiegen? Und warum, Jeff? Warum hast du mir das angetan?"

Tabea schluchzte leise, und ihre Tränen trafen mich wie ein Stich ins Herz. "Es tut mir so leid, Josi. Ich wollte dich nicht verletzen, aber ich wusste einfach nicht, wie ich dir das sagen sollte."

Ich konnte Jeffs Schweigen nicht ertragen. Er stand da, sein Blick gesenkt, und schien nicht in der Lage zu sein, mir in die Augen zu sehen.

"Antworte mir, Jeff!", schrie ich verzweifelt. "Warum hast du das getan?"

Er hob den Kopf und seine Augen trafen meine. "Josi, es tut mir leid. Es war ein Fehler, den ich nie hätte machen dürfen. Ich liebe dich, das wird sich nie ändern."

Aber seine Worte brachten mir keine Erleichterung. Die Tatsache, dass er ein Kind mit Tabea hatte, hatte alles verändert. Die Schatten des Verrats hatten unsere Beziehung für immer verändert, und ich wusste nicht, ob wir jemals wieder den Weg zurückfinden konnten.

Die nächsten Tage waren von Wut, Verzweiflung und Tränen geprägt. Ich konnte nicht aufhören, über all das nachzudenken, was passiert war, und ich fühlte mich, als ob mein Herz in tausend Stücke zersprungen wäre.

Tabea und Jeff versuchten, mich zu beruhigen, mir zu erklären, wie es dazu gekommen war, aber all ihre Worte waren wie ein Echo in meinen Ohren. Die Schatten des Verrats hatten uns erneut verschlungen, und ich wusste nicht, wie wir damit umgehen sollten.

Unsere Freundschaft und unsere Beziehungen schienen auf dem Spiel zu stehen, und ich wusste nicht, ob wir jemals wieder die Unschuld und das Glück zurückgewinnen könnten, die uns einst auszeichneten. Die Schatten des Verrats hatten uns auseinandergebracht, und ich fürchtete, dass sie uns für immer voneinander trennen würden.

Kapitel 8 : Das Geständnis

Die Tage und Wochen nach der Enthüllung von Tabeas Schwangerschaft vergingen in einem Nebel aus Wut, Schmerz und Verzweiflung für mich. Ich zog mich zurück, vermied es, Tabea und Jeff zu sehen, und versuchte, mit meinen eigenen Gedanken und Emotionen zurechtzukommen.

Es brach mir jedes Mal das Herz, wenn ich die beiden zusammen sah, wenn sie sich küssten oder sich in den Armen hielten. Es war, als ob sie sich ihrer

Liebe hingaben, während ich in einer Welt des Schmerzes gefangen war.

Jedes Mal, wenn ich sie sah, fühlte es sich an, als ob mein Herz in tausend Stücke zerspringen würde. Ich konnte nicht einfach weiter zusehen, wie sie ihre Liebe vor meinen Augen zelebrierten, während ich in einem Meer aus Schmerz und Verzweiflung ertrank.

Schließlich konnte ich es nicht mehr ertragen. Ich ging auf Jeff zu, meine Hände ballten sich zu Fäusten, und meine Augen waren voller Tränen.

"Jeff, seit wann geht das zwischen euch beiden? Seit wann führt ihr diese Beziehung?"

Er sah mich an, sein Blick war voller Reue und Schuld. "Es hat schon länger angefangen, Josi. Der Tag, an dem wir uns wiedergetroffen haben, war der Tag, an dem es passiert ist."

Die Worte trafen mich wie ein Schlag ins Gesicht. Der Tag, an dem Jeff und ich uns wiedergetroffen hatten, war der Tag, an dem er mit Tabea geschlafen hatte.

"Du hast das vor mir verheimlicht?", schluchzte ich, unfähig, meine Tränen zurückzuhalten.

Jeff senkte den Kopf. "Ja, ich habe es vor dir verheimlicht, und das war ein Fehler. Ich wollte dich nicht verlieren, Josi. Aber ich kann meine Taten nicht rückgängig machen."

Die Schatten des Verrats, die unsere Beziehung seit Monaten belastet hatten, schienen in diesem Moment über uns zu sein. Jeff und Tabea hatten ein

Geheimnis vor mir gehabt, das sie jetzt enttarnten, und es fühlte sich an, als ob all meine Hoffnungen und Träume zerstört wurden.

Ich konnte nicht länger in ihrer Nähe bleiben. Ich lief davon, weg von den beiden Menschen, die ich einst so sehr geliebt hatte. Die Schatten des Verrats hatten uns auseinandergebracht, und ich wusste nicht, wie es weitergehen sollte.

Die folgenden Tage verbrachte ich in einer Art emotionaler Isolation. Ich mied

Tabea und Jeff, vermied es, sie anzurufen oder auf ihre Nachrichten zu antworten. Die Schatten des Verrats hatten unsere Freundschaft und Beziehungen in eine Dunkelheit gestürzt, die ich nicht verstand.

Jedes Mal, wenn ich an den Verrat dachte, fühlte es sich an, als ob ein Teil von mir zerbrach. Die Gedanken an Jeff und Tabea, die sich heimlich trafen und ein Kind erwarteten, quälten mich Tag und Nacht.

Dann, eines Abends, als ich alleine in meinem Zimmer saß, hörte ich ihre Stimmen draußen. Sie waren wieder einmal zusammen, lachten und schienen glücklich zu sein. Es war, als ob sie sich überhaupt keine Gedanken über die Zerstörung gemacht hätten, die sie angerichtet hatten.

Ein plötzlicher Zorn ergriff von mir Besitz. Wie konnten sie so tun, als ob nichts passiert wäre? Wie konnten sie einfach weitermachen, als ob unsere Freundschaft und Beziehungen keine Bedeutung gehabt hätten?

Ich öffnete die Tür und stürmte nach draußen. Die beiden sahen mich überrascht an, als ich auf sie zukam.

"Was zur Hölle denkt ihr euch?", schrie ich vor Wut. "Ihr habt meine Gefühle völlig ignoriert, als ob sie überhaupt keine Rolle spielen!"

Tabea versuchte, auf mich zuzugehen, aber ich wich zurück. "Josi, bitte, wir wollten nicht, dass du verletzt wirst."

"Wolltet ihr nicht, dass ich verletzt werde?", fragte ich sarkastisch. "Ihr habt mich belogen und betrogen, und jetzt tut ihr so, als ob alles in Ordnung wäre."

Jeff sah mich an, sein Gesicht war von Scham gezeichnet. "Josi, es tut mir leid. Ich weiß, dass ich einen schrecklichen Fehler gemacht habe."

"Ein Fehler? Das ist keine Kleinigkeit, Jeff!", schrie ich. "Ihr habt unsere Freundschaft und unsere Beziehungen zerstört, und ihr tut so, als ob das alles egal wäre."

Die Schatten des Verrats hatten unsere Bindungen zerbrochen, und ich wusste nicht, ob es jemals eine Möglichkeit gab, sie wiederherzustellen. In diesem Moment fühlte es sich an, als ob die Dunkelheit, die uns umgab, unaufhaltsam war.

Kapitel 9: Verlorene Hoffnung

Die Tage vergingen, und die Spannungen zwischen uns blieben ungelöst. Jeff und Tabea versuchten immer wieder, sich mit mir auszusprechen, aber jedes Mal wurde ich von Wut und Enttäuschung überwältigt. Die Schatten des Verrats schienen unaufhaltsam zu sein.

Ich versuchte, mich von ihnen zu distanzieren, aber sie waren immer da, als eine ständige Erinnerung an das, was passiert war. Die Liebe, die ich einst für

Jeff empfunden hatte, war von Schmerz und Verrat überschattet.

Eines Tages, als ich alleine in meinem Zimmer saß und nachdachte, wurde mir klar, dass unsere Freundschaften und Beziehungen nicht mehr dieselben sein würden. Die Schatten des Verrats hatten uns für immer verändert.

Ich beschloss, einen Schlussstrich zu ziehen. Ich rief Jeff und Tabea zu mir und erklärte ihnen, dass ich nicht länger in ihrer Nähe sein konnte. Unsere Freundschaften und Beziehungen waren zerbrochen, und es gab keine Möglichkeit mehr, sie zu reparieren.

Es war eine schmerzhafte Entscheidung, aber ich fühlte, dass es das Beste für mich war. Ich konnte nicht länger in einer Welt des Verrats und der Lügen leben. Ich musste einen Weg finden, weiterzumachen und wieder Frieden in meinem Leben zu finden.

Jeff und Tabea verstanden meine Entscheidung, auch wenn sie traurig und enttäuscht waren. Unsere Wege trennten sich, und ich wusste nicht, ob wir jemals wieder zueinander finden würden.

Die Schatten des Verrats hatten uns auseinandergebracht, und ich war gezwungen, mein Leben neu zu gestalten. Es war ein schmerzhafter Abschied von Menschen, die ich einst als meine besten Freunde betrachtet hatte, aber es war notwendig, um meine eigene Heilung zu beginnen.

Kapitel 10: Ein Neuanfang

Die Entscheidung, mich von Jeff und Tabea zu trennen, war nicht leicht gefallen, aber sie war notwendig, um meine eigene Heilung zu beginnen. Die Schatten des Verrats hatten unsere Freundschaften und Beziehungen zerstört, und ich musste einen Neuanfang wagen.

Ich beschloss, einen radikalen Schritt zu unternehmen. Ich packte meine Sachen und zog weit weg in die Schweiz. Es war ein Ort, den ich schon immer besuchen wollte, und ich hoffte, dass die Veränderung der Umgebung mir helfen würde, meinen Frieden zu finden.

Der Umzug war nicht einfach, aber er gab mir die Möglichkeit, von vorne anzufangen. Ich fand eine kleine Wohnung in Zürich und begann, mein Leben neu aufzubauen. Die Schatten des Verrats schienen allmählich zu verblassen, je weiter ich mich von ihnen entfernte.

Ich nahm einen Job in einem kleinen Buchladen an und begann, neue Freunde zu finden. Die Menschen in der Schweiz waren herzlich und einladend, und ich fühlte mich langsam wieder lebendig.

Die Tage wurden zu Wochen und die Wochen zu Monaten. Mit der Zeit begann ich, mich zu heilen und meine Wunden zu schließen. Die Schatten des Verrats, die mich so lange verfolgt hatten, schienen allmählich zu verblassen, und ich fand Frieden in meiner neuen Umgebung.

Obwohl die Erinnerungen an Jeff und Tabea immer noch schmerzhaft waren, konnte ich endlich anfangen, nach vorne zu schauen. Der Neuanfang in der Schweiz gab mir die Möglichkeit, mein eigenes Leben zu führen und meine eigene Identität zu finden.

Die Schatten des Verrats hatten uns auseinandergebracht, aber sie hatten auch den Weg für meinen eigenen Neuanfang geebnet. Ich wusste nicht, was die Zukunft bringen würde, aber ich war bereit, ihr entgegenzutreten, ohne die Last der Vergangenheit.